JN438925

호미곶 별사 別辭

서상은 시집

북랜드

어머니

제 이름을

호미수虎尾樹라 불러주십시오

호미곶 별사別辭

서상은 시집

호미곶 별사別辭

인 쇄 | 2017년 5월 25일
발 행 | 2017년 5월 30일

글쓴이 | 서상은
펴낸이 | 장호병
펴낸곳 | 북랜드
06252 서울 강남구 역삼동 832-7 황화빌딩 1108호
대표전화 (02) 732-4574 | (053) 252-9114
팩시밀리 (02) 734-4574 | (053) 252-9334

등 록 일 | 1999년 11월 11일
등록번호 | 제13-615호
홈페이지 | www.bookland.co.kr
이 - 메일 | bookland@hanmail.net

책임편집 | 김인옥
교 열 | 배성숙

ISBN 978-89-7787-714-6 03810

값 15,000 원

서상은 시집

호미곶 별사別辭

북랜드

■ 시인의 말

1963년 2월 ≪신세계≫ 잡지에 鮮于輝 선생님의 심사로 신인상에 당선된 수필 「나리羅里의 맥반麥飯놀이」를 시작으로 지금까지 수필집 4권과 시집 2권외 잡서 몇 권을 내면서 문학은 내 주변을 떠나지 않고 늘 맴돌았다.

단순한 시인이나 수필가이기보다 오랫동안 公職에 머물면서 한껏 愛國하지 못한 贖罪의 마음을―고향에 나무를 심어 숲을 가꾸고 아름다운 文鄕을 만들고 싶었던 작은 소망이 지금에 와서 한 문학인으로 남게 될 줄이야. 실은 그것만이 그때 나의 유일한 구원이자 꿈이었다.

그때그때 구석구석 던져놓았던 설익은 원고들을 이참에 다시 정리해보았다. 부질없는 일이 될지 몰라도 그냥 뿔뿔이 놔두면 분명 휴지될 것이 자명하기에 살아있을 때 책이라도 묶어두고 싶었다.

내 고향을 못 지키면 어떻게 내 나라를 온당히 지킬까? 하는 평소 나의 소신과 고집이 저번 시집 『호미곶 아리랑』에서 이번 시집도 『호미곶 別辭』라 이름 붙여 보았다. 別辭라니 뭐 대단한 것 아니다, 두고두고 더 보태주고 싶은 한 가닥 내 마음의 간곡함이다. 고단하고 각박한 세상이지만 나무처럼 꿋꿋하고 푸르게 살다 가고 싶다.

2017년 봄 '休休堂'에서

서 상 은

차례

2 만부득이萬不得已

3 옹이눈

4 속 풀이 귀 풀이

1

호미곶 별사別辭

영원에

영원이란 늘 저렇게
파도처럼 철썩이다
조용히 물러나기도

포구에 부려놓은
슬픈 포말의 숨소리

잠시 잠깐 머문다고
어찌 누구를 하찮은
일생이었다고 할까

풀

내 이름은 '無名草'
네 마음대로 밟아봐라
이래저래 못 견디면
취한 듯 죽어주다가
누구라 호명 없어도
빗소리 들리면
火田民 손톱에 물든
피멍처럼
보란 듯이 시퍼렇게 –

자위自慰

– 해와 달은 동녘서 떠올라
  언제나 서녘으로 진다

그들의 그 같은 운명을
누구도 번복 못 하게
성운星運이라 못박아버렸다

– 그럼, 이제 우린 좀 크게 놀자

하늘을 쭉 찢어
죽음도 가둘 수 없는
불귀영원으로
낭자하게 사라질 것이라고

호미곶 별사別辭

— 虎尾樹운동을 위하여

나, 이 땅에 태어나
바람과 돌과 살다
다시 흙과 나무로 돌아가리니

차마, 빈손이면 그 어떠리

아침이면
해돋이에 해를 품고
저녁이면
해넘이에 달을 품고
밤 파도치는 뭍에 서서
독야청청 살지니

사람들이여
훗날, 이 나무 그늘에 앉아
역사만 얘기하지 말고
그대들도
푸른 나무가 되시길!

浪山의 구름과 소나무

수필가 김규련과 빈남수가 나를 한때
浪山이라 불러주고 갔다
굽이굽이 밀려드는 파도를 이기며 살라고
아니 벌써, 그렇게 살아온 사람이라고
이름 붙여줬는지 몰라

세월은 구름 몰고 천년을 흐르는데—

나, 짐짓 팔십 넘게 살았어도
마음은 솔개처럼 부리 발톱 다시 갈아
더 멀리 날고 싶네

아니야,
그 다 부질없는 자전적 낡은 낙서
쥐꼬리만 한 지식 욕망 다 내려놓고
억만 파도 몰아치는
호미곶 바람맞이 바위틈에 붙박여

浪山의 구름과

한 그루 소나무로 오래오래 살고 싶네

* 어느 고마운 분이 내 바탕이 靑田 같다고 만날 때마다 그렇게 불러주셔서 좋은 것이 좋다고 요즈음은 그렇게 靑田이라 쓰고 있다.

소박한 기억들

고향 옛집 그 창호문이 그립다
툇마루에 앉으면 탁 틘 파란 하늘,
돌담에 둘러싸인 덩그런 초가 세 채
넓은 마당과 산처럼 쌓아 올린 두엄더미
사랑채 옆 마구간엔 누렁소 두 마리
작두날에 내 검지를 잘라버린
머슴 만돌이도 백발 할머니도 보인다
멀리 샛바람에 섞어 울던 푸른 해조음도
동구 앞 때까치 소리도 들린다
장독대 옆에 붉게 피었던 그 목단 꽃잎.
지금도 내 가슴을 쿵쿵 뛰게 한다
남로당 패거리가 한밤중
우리 집을 습격하여 가족들을 협박하던 일
줄줄이 엮어 말린 청어과매기랑
마른 오징어를 한 차 가득 싣고
서울 유학 간 형님의 등록금을 내려 갔던
간 큰 여장부 전선희 어머니도

꼿꼿한 선비영감 서필수 아버지도 보인다
하늘로 길을 낼 듯 가끔 오색 무지개
내 목말이 되어 히히대던 꿈들이
훗날 시장 군수가 되었던가
작아진 오늘이 조금은 안쓰러워도
구름 아래 아득한 내 유년은 늘 그립다

과매기過麥魚

해마다 춘궁 보리누름이면
배고파 울던 호미곶 사람들
어느 날 목선 뱃머리에
붉은 滿船旗가 펄럭이면
영일만은
금세 배창마다 고기 판

아, 그때
우리들 눈물처럼 마르고
얼어준 삶의 겨울 바다
푸른 과매기는 양식이었네

밀개떡 보리개떡에
돌덩이처럼 입이 굳어버린
아픈 세월의 품안으로
단단하게 우리를 일으켜 세운
비릿한 힘이었네

축구공

골이 안 난다, 오랫동안 주고받기만 하다 끝내 헛발질에 공을 넘겨준다. 공은 구르다가 새 주인을 찾는 척하다 다시 허공으로 솟는다. 족불리지足不履地로 한자리 멈추기를 한사코 거부하며 어느 주인공의 날렵한 발끝에 몸을 맡긴다, 쉿— 골이다 우레 같은 박수소리, 도도한 골 잔치다. 공은 눈이 밝아 자기를 잘 가지고 노는 선수나 지략이 우수한 감독을 사랑한다. 원래 출신이 남의 발길에 채이고 두들겨 맞는 망나니 신세라 늘 족벌足罰을 서면서도 심판의 준엄한 명령에는 두말 못 한다

탄炭

이승의 냉골冷骨을 데워주고

가난한 생계에 양식糧食이 된다면

나 어찌 한 줌 재災가 못 되리

한천寒天

개골 물에 떨어져 잠긴 낙엽
더 맑고 짙다

한 무리 소란한 가을 산객山客
다녀간 후에야
정신이 든 모양

그래도 어쩔 수 없는 건
고드름에 낀 日暮

허공보시虛空布施

우리가 바위처럼
묵묵히 산다는 걸
허공은 다 안다

혹, 누가 물어도
허공은 입이 무거워
가타부타 안 한다

내 고향 앞 구만
저 허허 벌판바다
가난에 입 다물었던
그 설움이 오늘
부처바위 되었을까

오, 죽은 내 아버지
죽은 내 어머니
할 말
다 못하고 가시듯

지금 뭐 하니

달 지고
닻 내린 목선 하나
너 지금 뭐 하니

물이랑 말아 엎은
파도에 대고 저도
고만 부서질까 말까

뱃고물을 부두에
들어 올렸다 놨다
밤새 저러고 있네

대기실

밤은 나를 더 외롭게
하늘 아래 앉히고

늙은 별은 일찌감치
다락 위에 잠들었네

갓 깬 애기 별들
다소곳 모여 앉은
목조집 창 너머로

강물 소린 불새처럼
푸드득 백 년 뒤로
흘러가고

밤은 나를 더 외롭게
하늘 아래 앉히네

깊은 밤

웬일인가
밤하늘에 구름 한 점 없네

깊은 밤, 네가 아직 근심이면
죽음이 하찮다 생각이면

별 지기 전에는, 기죽은
거지인 양 안심하지 말게

새가 잠드는 시간에도
구름은 늘 시인을 죽이니까

내일이 없다면 당장,

세상 참, 하루도 편할 날이 없군!
확 뜯어고칠 작자도 없고

온 기괴망측한 사건에다
지가 무슨 저승차산줄 막무가내
생목숨 앗아 가는 놈이 없나

제발 오늘은 그냥 넘어갈까 몰라
TV를 켜는 손이 안절부절이다

시인의 팔순

그 아편 같은 말장난을
언제까지 할 건지

아직도 하, 입이 가렵다

우는 법

바람 불면

나뭇잎은
또르르 또르르
소리로 울고

작은 나무는
휘릭휘릭
가지로 울고

큰 나무는
쏴아 쏴아
몸으로 우네

바람 불면

사람들은
어떻게 우나

나뭇잎에 걸린
구름같이
글쎄
그것도 겨우
한나절뿐

새해 아침

호미곶 광장 너머 아침일출
지난해 아픔 다 떨쳐주지 못해서
서둘러 마중 나온 것 같다

비바람 치던 고비, 수월찮아도
여직 탈 없이 보살펴 준 것만도
더 이상 고마울 게 뭐람!

굳이 필부의 작은 소망 있다면
머잖은 저 솔숲길에
솔솔솔 잔바람이 일 것 같아

그대, 올해는 그 고요 행간에
못 보고 못 들은 것 다 모셔와
멋진 서정시 한 줄 깔아주었으면

2

만부득이萬不得已

검은 불꽃

내 눈망울에
꽃이 피고 있다
검은 불꽃

나날이 조금씩
나를 태워
까만—
재災를 뿌리며

하얀 꿈

80년 묵은 항아리에
무엇이 솔솔 빠져나간다

가만히 프로타주* 해보니
아직도 카피 못 한
내 남루한 꿈이었다

* 요철이 있는 면 위에 종이를 덮고 연필을 문질러 모양을 나타내는 기법.

다 그렇지 뭐

그래, 나이 들면
다 그렇지 뭐

면상도
걸음도
말소리까지도

아니
그가 쓴 詩도
다 그렇지 뭐

만부득이 萬不得已

눈도 침침해지고
말수도 어눌해져
詩도 짧아졌다

귀 열어 놓아도

비 오는 소리
가랑잎 지는 소리
눈 내리는 소리
달 지는 소리커녕

바람소리조차 –
제대로 듣긴
이제 다 틀렸다

미련

딱— 한번 빠진 구덩이에,

발 묶인 반신반의半信半疑

비창悲唱

찬바람에 얼어붙은
찹쌀 떠–억–

잠 못 드는 누구의
시장기를 쓸며
찹쌀 떠–억–

진눈깨비 볼 비비며
골목골목 뜯어 발긴
누군가의
초라한 생계

찹쌀 떠–억–

소견所見

눈은
소리 없이 내려도
눈 녹는 개골물소린
참으로 청아하다
처방전 없이
마음을 열어도
쉬 말문을 못 여는
내 좁은 소견이여

새길

노두길 곱게
허리 수술도 하고
면상도 새로 깔았네

짐짓 내 걸음으론
너무 더뎠던 길

아, 나처럼
휘어지고 굽이치던
정든 출렁다리도
누가 다 걷어치웠네

오버over

입이 가만 있으면
등신이나 3류 취급 받을까 봐
미주알고주알 덤을 보탠다

알아들었다는 듯
고개를 끄덕이는 사람

빤히 쳐다보며
듣기만 하는 사람

그래봤자,
다들 말이 먹혀들어갔는지
짐작하기에도 상황이 모호하다

식욕과 활동이 비례하던 시대
제 입에 단내가 나는 것쯤
아랑곳없이

아무도 저를 알아주지 못하고
뭇 눈과 귀가
쯧쯧, 재수 없다고 돌아서면
오버한 늙은 입들 참 난감타!

별 볼 일 없는 사람들의 진짜
맛대가리 같은,

어쩌면 나는

나는 누구인가
캄캄한 밤 등불을 들고
난간을 건너는 盲人 같아서-

오후에

나이를 들추니
꽤 살았다 싶은데
그래도 난 숨 가쁘고
허심도 못 버렸다

나날이
사색死色 되어가는
세월의 천덕天德이여

새가 날아갈 땐
제 그림자를
하늘로 물고 가든지
땅에 묻고 간다는데

어둠이
말문마저 닫아걸고
불빛마저 외면하니

장고長考

눈물을 삭히면 무엇이 될까
가슴에 옹이라도 골이라도
면면 세월 동안 아팠던 심장
줄 줄 줄 피 같은 詩여

진달래

산불이라 난리굿이니
차마 저 멀미 워쩔껴

素月도 가버렸고
靑田도 곧 갈 거니

봄마다 너들끼리
접接붙기 참 좋겄다

포도酒

그 독한 상처를 알알이 매달고

나에게

검은 피 한 사발을 주고 갔네

한공寒空 맛보기

— 60년 전 겨울

추풍령만 넘어도 객지라고
각오야 했지만 그래도
막막한 무궁화 3등 열차
내 남은 검지 꼭 붙잡고
이齒 시린 차창에 기대니
눈앞엔 딱히 한공뿐,
거기다 펑펑 눈만 내리는

화전花煎

봄나들이 해싸도

화전놀이만 할까

진달래꽃 지짐이면

봄도 금세 동난다

호명呼名

어머니
제 이름을 호미수虎尾樹라 불러주십시오

헌 옷

헌 옷이랬자 어느 날 그늘에 들면 다시 꺼내 입어도 될 멀쩡한 옷들, 지금은 너무 커서 작아서 유행에 뒤져서 색상이 낡아서 등등 이유로 누런 보루박스에 가차 없이 버려져 재활용이 될지 폐품이 될지 호명만을 기다리는 신세, 쑥덕쑥덕 지들끼리 무슨 통성명을 하는지 호시절 얘기를 하는지 수군거려쌓는다 '젠장 우리 주인 말이야, 어느 땐 애지중지 아끼더니 요렇게 툭 버린다니!'

3

옹이눈

가을

풀벌레 소리부터 달무리 울음까지
다 묻고 가는 구절양장九折羊腸에
귀도 눈도 까마득히 다 멀어버렸네

겨울 모기

휘익-
내 시선에 들어오는
모기 한 마리,

여름에 쓰려고 거두어 놓은
전기매트 위에
스스럼없이 내려앉는다
제 잡는 화형 틀인 줄도 모르고

미친 듯이
내 시력을 무시하는 한심한 놈

아마 지난여름,
벼락 치듯 탁- 쳐서 압살시킨
그 모진 혈통인가

추위도 안 타고
도무지 겁이 없다

망상일기

한 달포, 두문불출에
눈 귀 다 막고 사니 마, 편합디다

기왕에
밥숟가락 지필묵 다 내던지고
저승이나 한번 다녀올까 했습니다

부엉이

노송 가지에 앉아
진종일
눈 붙이는가 싶더니

아그작!

순간의 작심인가
이 밤이 궁금하다

애린愛隣

드디어
본성을 덜어낸
카멜레온의
교활한 치설 앞에

나는 차라리
등골을 내준다

등허리로
흘러내리는
내 차가운 피를
더 사랑하며

詩 五里

疊疊이 눈 덮인
솔 수풀 시오리

산지기 烏鵲소리
선잠을 깨우네

얍생이

빈집 열쇠 주고 간 그가
그 열쇠 도로 달라 한다

알고 보니
연한 풀만 보면 여지없이 씹어대는
교활한 꾼이었다

억한심정이라야

그만했으면 됐다, 이제 그만 잊어라 해서 나도 작심하고 잊으려 했다 作心이란 것이 한번 쳐서 되는 그물이 아니다 어지간한 쇠심줄이 아니면 가당찮다 물은 물대로 흐르고 풀은 풀대로 살다가는 세상에 사람인들 뭐 뾰족한 수가 있을라구 언뜻 물잠자리 한 마리 내 몸에 그림자를 묻으려 빙빙 돌다 앉을 자리가 아닌지 멀리 날아가 버린다 글쎄 팔십 자리 날 보고 누가 그리 쉽게 날아들지 웃음처럼 허무하다.

옹이눈

팔십에 옹이눈
매듭 하나다

한 것도 없이
엉금엉금
心骨만 채웠다

별나라 가기 전

神이여 부탁입니다
호미곶에 소나무 심는 일
다 하고 가게 해주세요

그런 다음
날 부르는 종소리 들리면
훨훨 두루미 타고 갈게요

장닭

장닭이 홰를 치며
암탉을 휘돈다
빙빙
위엄을 감아 돌며
스킨십을 하고 있다

꾹꾹꾹— 꾹꾹꾹—
구애송인가
구금송인가

보란 듯 백주대낮
저, 살기 도는 황홀

쥐구멍에 햇살이

쥐 한 마리
쥐 두 마리
쥐 여럿이
나라 얘기에, 개탄하며
술 마신다
밤새도록

술은 바닥나고
제풀에 취한 쥐들 모두
곤드라졌다

그제야
'거기 누가 없나'
아침 햇살, 삐죽이
쥐구멍 들여다본다

추운 별

삭풍 부는 한밤
꼬박—

눈에 밟히는
별 하나
떨고 있네

먼 길 수선하는
부나비처럼

춘, 3월

처음은 으레 좀 뺄 테지

허기사
꽃이라면 활짝 피기 전
필시 한 번쯤 빼 보는 거여
맛있는 버찌처럼

암 그럴 테지
오르가즘이 쩍- 벌 때면
크어- 엄청스럽제!

호리병

단정학丹頂鶴,
구름 타고 내려앉자
백발노인
구레나룻 훔치며
술잔 권하네

여보시게
한 잔 들고
쉬어가세

주거니 받거니
한오백년 석양에
취기도 뒦어

강물에 떠내려온
호리병 하나

탄嘆

정말 다 됐나요 뭣이 다 됐다는 거요 아니 갈 날이 얼마 남지 않았다는 거요 아니면 세상이 그렇고 그렇다는 거요 봄풀이 말라 죽고 꽃도 못 피우고 가을은 늘 구름에 덮여 춥고 인간들은 미치고 미쳐 서로 대놓고 손가락질만 해대니 살아도 사는 것이 아니란 말이오 눈과 입이 병들고 처처에 죽여라 죽여라 무참히 밟아 죽여라— 그 소리뿐

흉가凶家

- 한때 경주의 흉가라고 소문난 집에 내가 살았다

밤이면
대청마루 긴 통로로
치맛자락 끄는 소리

뒷간에 어룽대는
댓개비 그림자
서걱서걱,
모골이 오싹

갈라진 기둥 새로
찢긴 장지문 문풍지
힐끔힐끔 손짓했다

아, 그 속에 살아남은
나. 용하고 기특타
남은 그 틈새 또

볼 것 없는 간 큰
묵언이여 무덤이여

살아있는 이 사람이
바로 부처올시다 할!

그늘

그늘은
누가 뭐라 해도
후한 구석

저물면
십중팔구 찾아가는
고향 집 같은,

4

속 풀이 귀 풀이

절곡絶曲

나는 알겠다, 네 눈에 숨긴 것

네 눈동자
이유 없는 깜박임도
내 맘에 파고드는 속삭임이다

어느 날
우리 둘 시선이 마주칠 때 훅,
불꽃 같은 그 무엇이 될까 싶어

어제도 오늘도 아니 내일도
나는 수다스런 작은 책자처럼
네 병을 앓는다

길들여진 생生

아이고 죽겠다,
죽겠다 하며
맘대로 못 죽는
결고 건 너겁 낀 생

죽음을 타고나서
죽음을 키우고
죽음으로 작별하는
융숭한 애물단지여

쿠쿠 이야기

아침저녁 자주 듣는 쿠쿠의 단골 멘트
늘 무신경이었다가 오늘에야 문득,
무쇠솥 아궁이에 검불 지펴 밥 짓던
어머니 생각난다
장마철 덜 마른 장작에 불 지필 때
매운 연기에 눈물 줄줄 흘리시던 어머니

나는 따뜻한 아궁이 옆에 쪼그려 앉아,
따닥따닥 타오르는 솔방울을 태우며
잿불에 묻어둔 고구마랑
밥솥에 놀놀하게 눌어붙을
보리누룽지를 기다리던 추억들

"취사가 시작되었습니다"
"취사가 완료되어 보온이 시작됩니다"
영명한 오늘의 쿠쿠 멘트,
전기코드만 끼우면 재갈재갈 제대로
밥이 되는 이 풍진 시상

외출에도 밥 지어놓고 우릴 기다리는
쿠쿠는 어머니 같은 밥줄인가 밥통인가

돼지와 닭에 대한 기도

혹 헤레라사우루스 후예들인지
혹 주작의 퇴화물인지 몰라
저것들도 먹어야 생존이라
평생 꿀꿀대며 꼭꼭대며
배고프면 밥 달라 목을 갈라 울고
자신을 무참히 사육하다
끝내 인간의 희생물이 되지만
홰치는 닭의 호쾌한 울음소리
어둠에 잠들어 태양에 깨어나는
신의 전령사 같으랴

인간과 짐승
좋은 인간과 나쁜 인간과 짐승
혹 신이 사람으로
신이 짐승으로 살아가고 있는지 몰라

평생 자기기만에 살다 가거나
남을 위해 살다 가거나
진정 신의 몫은 무엇인지

>
거울을 보라
우리가 가는 길이 어딘지
그래 보니 인간과 짐승 둘 다
아득한 연막 속에
불가사의한 생물이 아니던가

장고長考형 인간
단고短考형 짐승

신이여, 제 뜻대로 살아가려는
살아있는 것들을 용서하소서

먼 훗날 돼지가 지렁이 되고
닭이 메뚜기가 될지라도
온 생물들이여 죽어서도 부활하여
오래오래 이 땅에 남을지이다

무궁화

연보라 꽃잎 속에 노오란 꽃술
중세 어느 나라 기마병 깃털 같네

자세히 보면 오만 진드기들이
갖은 짓거리를 다 하네

누가 너를 두고
탈 없이 무궁한 무궁화라 불렀나

침략자 등쌀에
안구 건조증에 눈이 시근해도
우리는 태극기만 보면
무궁화만 보면 가슴이 쿵쿵 뛴다

이젠 무엇을 두려워하리
침탈도 다 견뎌낸 무궁화야
우리도 이젠 살충제를 뿌릴 때다

생존이란 것이

운 좋게 키 큰 나무는
분명, 햇빛을 독차지했다
잘난 놈은 역시 누리는 것이 많다
그 덕으로

기어오르고
타오르고
뛰고 날고
그래야 원숭이도
제 먹을 것을 얻듯

그럼 노력만이 해결의 수단인가
찾아 먹을 것이 없는 곳에
날고 기어 봐도
얻을 것이 없다

그쯤 되면
내가 이런 놈이다 하며

크게 울부짖거나
작태를 보여야 하는 운명도

논두렁에서 우는
개구리 울음은 슬프다
울고 울어야
그리운 짝을 찾듯
무던한 기다림은 고달프지만

비 내리는 우림의
목마른 나무는
오직 비와 안개가 생존이다

누가 이 생존에
조건을 붙일까 무조건이다
생멸의 기로에 선 그들에게—
한바다 첩첩 물결이
왜 갓길에 와서야

한 줌 포말로 남아
몸부림치며 울다 부서지는지

모든 종말이 그렇다
슬프지만 통증이란 것이 그렇다

그것이 순리順理라고

마음은 한길이었지만
줄곧 길이 막혔을 때
에돌아가기도 했다

좁은 골목 지나다
혹 누구와 부딪치면
그중 누가
부러 대든 듯도 하지만
꼭 그럴 리 없다

말인즉, 사람들 더러
그 바람 때문
그 사람 핑계 대지만
다, 제 탓에
나고 지는 걸
파도몸살 앓다가, 겨우
팔십 줄에 알았다

암중모색暗中摸索

건널목에 멈춘 차창으로
내 얼굴을
뚫어지게 내다보는 그녀
혹 나를 아는 사람,
누굴까?
그렇다고 싱겁게
내 먼저 척– 하기야

어렴풋 기억의 꼬리 물고
아물거리는 순간
추적을 훼방하듯
부릉– 발차해버리는 버스,
시커먼 매연 한 줄기
그녀를 영영 지워버렸네

아프리카, 니제르의 죽음들

— 희망로드 대장정의 눈먼 소녀를 위해

눈물 자주 흘리는 것은 못난이의 버릇
마음의 파도, 끊임없이 달려드는
저 아프리카 니제르 모래밭 파도
그 속에 파묻히려는, 죽음의 정적이여

모두가 잠들어 꿈꾸듯 시간을 멈추려는
그 미소, 절망, 잠적, 그 눈물

어둠을 벗어들고 싶어도
한사코 남는 것은 캄캄하고 배고픈 죽음뿐
왜 우리들이
황량한 모래무덤을 보고 울고 있는지

마음의 발우 날
돈도 없고 밥도 없고 물도 없는,
그러나 꼭 살아남으라는 억지 득음처럼

그것은 우리 모두의 비애
새소리도 없는 TV의 황량한 모래밭에서
과연 나는 누구며 어디에 사는지
나에게 묻는다

듣도 보도 못한 고수머리 소녀가
환한 미소로 스크린에 뜬다
한 발짝 한 발짝 깨금발로
허공에 꽃을 찍는 저 외발자국

크루넷! 네 이름을 바깥에 내걸지 마라
네 마음도 사실 네 것이 아닌
실은 우리 모두
벌써 하나의 점點으로도 천지에 없다

아, 내 딸아

아버지는 굶어 죽고
병든 어머니와
배고파 빚진 동생을 위해
단돈 몇만 원,
되놈들의 씨받이로 팔려가는
아, 조선의 딸이여

알몸으로 두만강을 건너다
차디찬 물결에 떠밀려
경비병에 총 맞고 저렇게
피 묻은 송장으로 내버려진
임자 없는 꽃들

아, 슬프다

하루하루를 풀죽 먹고
짐승처럼 살아온, 가엾은 생
피붙이를 살리려 제 몸 던진

너의 꿈은 탄식뿐이다

겨레여, 이걸 어이할거나
비극의 사경을 넘고 넘어
먼 메콩강까지, 밥을 찾아
자유를 찾아 지옥을 헤매는
저 차가운 손들

긴 세월, 갖은 오욕 견뎌온
그래도 그들은 우리 핏줄
그냥 바라만 볼 것인가,
아, 어김없이 딸을 팔아먹은
아비 어미가 되었구나

슬프다, 내 딸아 아픈 조국아

잡초

왜 이렇게
우리는
아무것도 아니니-

풀아
잡초야
나 닮은 것아!

제비꽃의 족보

누구는 병아리꽃
누구는 제비꽃
장수꽃에 반지꽃에
외나물꽃에

전라도는 앉은뱅이꽃
경상도는 오랑캐꽃

자식농사 잘 봤네
곳곳마다 호적에
딴 이름을 올렸네

* 제비꽃의 이름이 種마다 지방마다 다르다

無

살아도
살아도
산 것이 없구나
일 다 하고
죽은 무덤도 없구나

90 넘게 살아도
참삶은
일 년도 채 안 된다는
법룡 스님이 던진
화두 하나

虛虛

속 풀이 귀 풀이

툭- 경북일보 던져놓고 가는 소리

날마다 새벽문안 오는 저 풍각쟁이
늙은 새소리에 귀를 주는데

동녘 하늘 북새구름이
간밤 한량없이 마신 내 주독酒毒
특급택배로 먼저 부치라 독촉이다

중매쟁이 雪皮木

눈 덮인 성인봉을 내려오는 길
수백 년 된 고목 하나가
폭설에 못 이겨 막 쓰러지는 광경이
목도되었다
순간 어디 아 – 하는 사람의 신음소리가
고목이 덮쳐 뿌린 하얀 눈을 한아름 안고
산행 나온 어느 젊은 여인이 깔려 있었다
간신히 몸을 날려 그녀를 구했지만
워낙 순간의 일이라 그냥저냥 잊고
일상으로 돌아왔건만–
어찌어찌 우연이 필연이 되었다
바로 그 여인이 훗날 내 아내가 될 줄
인연이란 참 고약하면서도 기특하기도
혹 신이 점지해준 운명 아닐까도
그 중매쟁이 고목은 죽지 않았다
우리 부부에게 생명의 대를 이어주고
늘 그 자리에 고요히 누워 계신다

나는 이 고목을 설피목이라 이름 붙여
마음속에 깊이 묻고 늙어간다

* 그날 고목에 깔린 여인이 바로 내 아내 서양화가 조옥선,
  당시 여자중학 처녀 미술교사로, 나중 나와 눈이 맞았다.

연전硯田

제 몸의 천겁 속살

먹피 나게 벼려도

달리는 일필준마一筆駿馬

득롱망촉得隴望蜀이네

천심天心

마, 그냥 살자
보태본들 뭐 하겠노

풀잎 따서 입에 물면
우리 금세 구름 된다

■ 해설

고절(高絕)하면서도 장엄한 별사(別辭)의 시

김주완

□ 해설

고절高絶하면서도 장엄한 별사別辭의 시

김 주 완 | 시인, 철학박사

1. 고절高絶하면서도 장엄한 별사別辭의 시

'별사別辭'란 말에는 쓸쓸함이 묻어 있다. '이별의 말'이든 '남은 다른 말'이든 간에 그것은 계속되는 말이 아니고 끝나는 말, 마무리하는 말이기 때문이다. 별사라는 말은 적적하다. 그러나 그 적적이 자긍과 자부의 순수의지에서 연유할 때 쓸쓸함이 아니라 고절高絶함이 된다. '별사'는 더할 수 없이 높고 뛰어난 말이며 노래이다. '별사'는 장엄하다. 미학적으로는 '숭고미'에 해당한다. 정신의 위대함이 서려 있다. 고향으로 돌아와 만년을 보내고 있는 노시인은 그의 안태고향 '호미곶'에 '별사'를 붙여 「호미곶 별사」라는 한 편의 시를 작시하여 남긴다. 나아가 『호미곶 별사』라는 표제의 시집 한 권을 이 세상에 내어놓는다. 소지燒紙를 하듯 오롯한 한 생의 열정을 마지막 한 점까지 불살라 고향 '구만리' 하늘에 올리는 시, 「호미곶 별사」는 청전青田 서상은 시인이 찍는 포스트 귀거래사의 화룡점정이다. 이 시집 『호미곶 별사』는 동해 너머 태평양으로 날려 보내는 엄의嚴毅한 호랑이의 멀고 긴 포효이자 숨결이다.

2. 귀거래사의 마지막 문장으로서의 「호미곶 별사」

귀거래사의 마지막 문장이라 할 수 있는 표제 시 「호미곶 별사」부터 읽는다.

나, 이 땅에 태어나
바람과 돌과 살다
다시 흙과 나무로 돌아가리니

차마, 빈손이면 그 어떠리

아침이면
해돋이에 해를 품고
저녁이면
해넘이에 달을 품고
밤 파도치는 뭍에 서서
독야청청 살지니

사람들이여
훗날, 이 나무 그늘에 앉아
역사만 얘기하지 말고
그대들도
푸른 나무가 되시길!

―「호미곶 별사別辭」 전문

이 시에는 '虎尾樹운동을 위하여'라는 부제가 붙어 있다. 시인은 지금까지 30년 가까이 호미수운동을 벌이고 있다. 호미수운동은 호랑이 꼬리인 호미곶에 호랑이 털이라 할 수 있는 소나무를 심는 운동으로서 시인이 주창하여 이끌고 있는 캠페인이다.

이 시에는 자연의 영겁회귀가 바탕에 깔려 있으며 영원으로 이어지는 생명력이 충일한다. 호미곶에 나무를 심는 우리 모두가 푸른 나무가 되어 영원으로 나아가자는 간절한 소망이 어려 있다.

> 영원이란 늘 저렇게
> 파도처럼 철썩이다
> 조용히 물러나기도
>
> 포구에 부려놓은
> 슬픈 포말의 숨소리
>
> 잠시 잠깐 머문다고
> 어찌 누구를 하찮은
> 일생이었다고 할까

— 「영원에」 전문

이 시집 맨 앞에 수록된 시이다. 순간과 영원의 교직을 시인은 통찰한다. 순간이 영원으로 이어지는 진리를 시인은 노래하고 있다. '순간 없는 영원은 없고 영원을 향하지 않는 순간도 없다'는 것을 시인은 말하고 싶은 것이다. 의미의 유의의성有意義性은 시간의 장단에 있는 것이 아니라 포구 같은 진정성과 포말 같은 치열성에 있다는 것이다.

시인도 물론 안다. 사람이 하는 일에 절대적 의미를 부여할 수 없다는 것을.

바람 불면

나뭇잎은
또르르 또르르
소리로 울고

작은 나무는
휘릭휘릭
가지로 울고

큰 나무는
싸아 싸아
몸으로 우네

바람 불면

사람들은
어떻게 우나

나뭇잎에 걸린
구름같이
글쎄
그것도 겨우
한나절뿐

—「우는 법」 전문

삶의 현장 도처에서 바람은 불어오고 그때그때 삼라만상은 혼신의 힘을 다해 곡진하게 우는데 유독 사람만이 건성으로 울다가 어느새 그쳐 버린다고 시인은 말한다. 인간이 가진 감정이나 기억의 무상성無常性을 지적하는 말이다. 그럼에도 불구하고 우리는 그때그때 말하지 않을 수 없고 시인은 시를 쓰지 않을 수 없다. "그 아편 같은 말장난을/언제까지 할 건지//아직도 하, 입이 가렵다"(「시인의 팔순」)고 시인은 진술한다. 시인은 쓰지 않을 수 없어 시를 쓰고 고향을 사랑하지 않을 수 없어 호미곶을 노래하는 것이다. 호미곶에서 생명을 받은 시인은 만년에 다시 호미곶으로 돌아와 석양의 아름다운 노을빛으로 호미곶 별사를 노래하고 있다.

3. 노년의 신명 들린 소나무 심기

수필가 김규련과 빈남수가 나를 한때
浪山이라 불러주고 갔다
굽이굽이 밀려드는 파도를 이기며 살라고
아니 벌써, 그렇게 살아온 사람이라고
이름 붙여줬는지 몰라

세월은 구름 몰고 천년을 흐르는데-

나, 짐짓 팔십 넘게 살았어도
마음은 솔개처럼 부리 발톱 다시 갈아
더 멀리 날고 싶네

아니야,
그 다 부질없는 자전적 낡은 낙서
쥐꼬리만 한 지식 욕망 다 내려놓고

억만 파도 몰아치는
호미곶 바람맞이 바위틈에 붙박여
浪山의 구름과
한 그루 소나무로 오래오래 살고 싶네
―「浪山의 구름과 소나무」 전문

낭산浪山은 '물결의 산', '파도의 산'이다. 산 같은 파도이면서 동시에 그런 파도를 막는 산이 낭산이다. '굽이굽이 밀려드는 파도를 이기며 살라고' 이름 붙여준 것으로 시인 자신도 이해하고 있다. 해안은 끊임없이 파도와 바람으로 침식된다. 해안의 침식과 마멸을 막기 위하여 필요한 것이 방풍림의 조성이다. 해송을 심어야 한다. 서상은 시인의 호, 낭산浪山은 어쩌면 운명적으로 호미곶에 소나무를 심어야 함을 내포하고 있다.

神이여 부탁입니다
호미곶에 소나무 심는 일
다 하고 가게 해주세요

그런 다음

날 부르는 종소리 들리면
훨훨 두루미 타고 갈게요

–「별나라 가기 전」 전문

호랑이 꼬리에 털을 심는 운동, 호미수운동에 몰두하는 시인은 아호 또한 '호미수'로 쓰고 있다. '호미수'라고 호명해 주기를 바라고 있다.

어머니
제 이름을 호미수虎尾樹라 불러주십시오

–「호명呼名」 전문

호미곶에 소나무 심기는 노년의 시인에게 신명 들린 일이다. 시인은 호명 당한 자로서 스스로 소명 의식을 가지고 있다. 호랑이의 꼬리에 소나무를 심는 일은 천부적으로 시인에게 주어진 일이다. 회의문자인 한자에서의 꼬리 미尾 자는 엉덩이를 나타내는 尸(시)와 엉덩이에 붙어 있는 毛(모☞털)로 이루어진다. 호랑이의 꼬리虎尾털은 꼿꼿한 기상과 절개의 나무인 소나무라야 한다. 일제 식민사관에서 연유된 <토끼

꼬리>란 별칭을 벗어던지고 서상은 시인은 영일군수 재임 시절인 1983년에 범꼬리 개칭 운동을 벌여 호미곶면으로 지명을 공식적으로 바꾸었다. 그리고 1990년부터 호미수회를 조직하고 ‘호랑이 꼬리에 털을 심자’는 캠페인을 벌여 호미곶에 푸른 소나무숲을 가꾸었다. 이제 여든을 넘어선 시인은 자신의 이름조차 <호미수虎尾樹>라 불러 달라고 간절하게 기원한다. 호미수는 시인의 향기이다. 현자賢者는 향기를 남기고 우자愚者는 악취를 남긴다.

4. 호랑이는 머리로 방향을 잡고 꼬리로 중심을 잡는다

서상은 시인은 호상虎相이다. 육 척 장신의 장대한 체격도 그러려니와 부리부리한 눈과 얼굴에 서려 있는 위엄이 그러하다. 호상이면서도 따뜻하다. 이마가 넓고 숱 많은 눈썹이 한 일 자로 굳건하여 일면 강직한 인상을 풍기면서도 은은한 미소를 띠는 입술이나 부처님처럼 큰 귀가 은근히 여유롭고 인자하다. 얼굴 가운데 버티고 선 크고 높은 코가 그의 자존을 증거

한다. 남을 존중하는 겸손까지 갖추었다. 그러니까 근엄하면서도 자애로운 호랑이 관상을 가진 자가 서상은 시인이다.

그를 보면 키가 아홉 자 여섯 치에 이르렀다는 공자가 떠오른다. 공자는 재상의 자리에까지 올랐다. 그러나 현실정치의 벽에 부딪쳐 56세에 고국을 떠났다가 67세에 다시 고향으로 돌아와 저술과 편집에 열중한다. 73세의 나이로 생애를 마친다. 공자는 뜻을 마음껏 펼치지 못하고 고향으로 돌아왔지만 서상은 시인은 여러 시군의 시장 군수를 역임한 공직에서 그 뜻을 충분히 펼치고 퇴직 후에 고향으로 돌아왔다. 그리고는 여생을 고향에 바치고 있다. ≪호미예술≫지를 발간하고 호미예술제를 개최하면서 흑구문학상, 포항문학상, 호미예술상, 중국조선족문학상, 중국조선족청소년문예공모시상 사업 등을 벌이면서 고향의 문화예술 발전에 헌신하고 있다. 현대화한 공자가 서상은 시인이라고 하면 지나친 찬사가 될까.

고향에 돌아온 시인은 궁핍했던 옛 시절을 떠올리며 고향 사랑의 열정을 불태운다.

해마다 춘궁 보리누름이면
배고파 울던 호미곶 사람들
어느 날 목선 뱃머리에
붉은 滿船旗가 펄럭이면
영일만은
금세 배창마다 고기 판

아, 그때
우리들 눈물처럼 마르고
얼어준 삶의 겨울 바다
푸른 과매기는 양식이었네

밀개떡 보리개떡에
돌덩이처럼 입이 굳어버린
아픈 세월의 품안으로
단단하게 우리를 일으켜 세운
비릿한 힘이었네

—「과매기過麥漁」 전문

과매기에 대한 서상은 시인의 평소 지론은 고향에 대한 그의 사랑과 자부심이 어느 정도인지를 단적으로 드러내어 준다. 과매기는 호미곶과 영일만의 특산

물이다. 『한민족대백과사전』에 따르면 '과메기'는 바닷바람에 말린 청어를 이르는 말로서 청어의 눈을 꼬챙이로 꿰어 말렸다는 '관목貫目'에서 유래되었다고 한다. 그러나 이러한 설에 대한 서상은 시인의 반대는 단호하다. "아무리 갯가 상것들이라고 하더라도 물고기의 눈을 꼬챙이로 뀉 정도로 잔인하지는 않다"는 것이다.

1930년대 일제 수탈기에서 1950년대 한국전쟁 후의 궁핍한 시대에 이르기까지 한국의 전역이 그랬듯이 이곳 호미곶도 해마다 겪는 배고픔의 시기인 춘궁 그러니까 보릿고개가 있었다고 한다. 그런데 그때만 해도 겨울 영일만에는 청어가 많이 잡혀서 해마다 풍어였다고 한다. 남아도는 청어가 겨울 갯가에서 얼다 녹다 한 것이 양식이 떨어진 보리누름에 유용한 양식이 되었기에 '보릿고개를 지나는過麥 고기漁'라는 뜻의 <과맥어過麥漁>라는 말이 생겼고 그 말이 음운 변이되어 <과매기>가 되었다는 것이다. 호미곶 사람뿐만이 아니라 한민족의 정서나 심성으로 미루어 짐작하더라도 잔인함이 풍기는 '과메기'보다는 궁핍과 설움이 배어 있는 '과매기'가 더욱 설득력이 있지 않은가.

달 지고
닻 내린 목선 하나
너 지금 뭐 하니

물이랑 말아 엎은
파도에 대고 저도
고만 부서질까 말까

뱃고물을 부두에
들어 올렸다 놨다
밤새 저러고 있네

—「지금 뭐 하니」 전문

뱃고물은 '배의 뒷부분'을 이르는 말이다. 달 지고 깜깜한 밤, 파도에 몸을 맡긴 채 부두에 부딪치고 있는 고물에게 시인은 "지금 뭐 하니"라고 묻는다. 고물이 파도에 부서질까 말까 고민하고 있다고 한다. 그렇다. 여기서의 고물은 현실 내의 존재이다. 사람이든 사물이든, 사회이든 국가이든 혹은 관습이든 제

도이든 간에 현실이라는 파도에 부딪치면서도 자기 자신의 본래성을 유지하고 있는 존재들이다. 과매기에 대한 시인의 지론 또한 파도에 맞서는 고물의 정체성 지키기이며 호미곶에 대한 지극한 사랑의 발로가 아니겠는가. 시인이 스스로에게 물으면서 스스로를 격려하는 말이 "지금 뭐 하니"가 아니겠는가.

— 해와 달은 동녘서 떠올라
언제나 서녘으로 진다

그들의 그 같은 운명을
누구도 번복 못 하게
성운星運이라 못 박아버렸다

— 그럼, 이제 우린 좀 크게 놀자

하늘을 쭉 찢어
죽음도 가둘 수 없는
불귀영원으로
낭자하게 사라질 것이라고

– 「자위自慰」 전문

시인이 가진 사유의 크기나 시야의 광활함이 어느 정도인지를 보여주는 시이다. 동녘에서 떠올라 서녘으로 지는 해와 달의 운명을 누구도 번복하지 못하도록 성운(별들의 궤도)이라 못 박아버렸다. 궤도라고 못 박아버림으로써 궤도를 벗어날 수 없도록 만들어 버렸다. 그러나 사유를 확장하여 "하늘을 쭉 찢어" 가른다면 삶도 죽음도 궤도도 모두가 사라질 것이라고 시인은 말한다. 우주 속의 한 점 티끌에 불과한 인간 존재라고 하더라도 이러한 사유를 가질 때 우리는 스스로를 위로(자위)할 수 있다는 것이다. 인간은 자연적 질서에 종속되어 있으면서도 자유를 찾는 탈출의 상상력으로 생을 스스로 위로할 수 있다는 말에 다름 아니다. '하늘을 쭉 찢어 가른다.' 참으로 장대한 스케일이다. 가히 호랑이의 기상이 느껴지는 표현이며 대목이다.

호랑이는 머리로 방향을 잡고 꼬리로 중심을 잡는다. 호미곶은 서상은 시인이 태어난 곳이며 노년의 그가 지키고 있는 곳이다. 호미곶은 한반도라는 호랑이의 꼬리이며 한민족이라는 호랑이의 꼬리이다. 따라서 한반도의 무게 중심은 호미곶에 있고 한민족의

도약과 비상의 균형추는 호미곶에 있다는 말이 성립된다. 포항제철이 이곳에 자리 잡고 한국 철강산업 개척의 선봉이 된 것도 어쩌면 이러한 지리적·근원적 특성과 연관될 수 있다는 생각이 든다. 세상은 연관에서 열리고 무관에서 닫힌다. 호상의 서상은 시인이 이곳에서 태어난 것도 우연이 아니리라는 생각이 든다.

5. 선경仙境에 든 노년의 자애로운 성찰

장닭이 홰를 치며
암탉을 휘돈다
빙빙 위엄을 감아 돌며
스킨십을 하고 있다

꾹꾹꾹- 꾹꾹꾹-
구애송인가
구금송인가

보란 듯 백주대낮
저, 살기 도는 황홀

— 「장닭」 전문

마당에서 노는 수탉과 암탉 한 쌍의 희롱을 보면서도 시인은 우주만물의 운행질서와 사랑의 본질을 본다. 사랑은 빙빙 도는 태극에서 나왔다. 사랑을 통해 음양의 조화가 이루어지지만 '사랑'은 곧 '구속'이 되고 '구금'이 된다. 사랑에 수반되는 소유욕이 그러하다. 누가 보든지 말든지 사랑은 백주대낮도 개의치 않는다. 소유하는 것도 황홀하고 소유 당하는 것도 황홀하다. '죽도록 황홀'한 것이 "저, 살기 도는 황홀"인 것이다. 장닭의 생태는 어쩌면 니체가 말한 삶의 근원으로서의 본원적 권력의지와도 통한다.

단정학丹頂鶴
구름 타고 내려앉자
백발노인
구렛나루 훔치며
술잔 권하네

여보시게
한 잔 들고
쉬어가세

주거니 받거니
한오백년 석양에
취기도 둮어

강물에 떠내려온
호리병 하나

— 「호리병」 전문

'단정학'은 천연기념물 202호로 지정 보호하고 있는 '붉은 볏을 가진 두루미'를 이른다. 두루미는 장수와 평화, 행운을 상징하는 아름다운 새이다. 학과 신선이 어우러져 술잔을 기울이며 놀고 있는 호리병의 그림을 보고 이 시는 작시된 것 같다. "강물에 떠내려온/호리병 하나"라는 결구로 보아 이 호리병은 어쩌다 시인의 손에 들어와 매우 아끼면서 소장하게 된 진귀한 골동품이 아닌가 한다. "주거니 받거니/한오백년 석양에/취기도 둮어"는 빼어난 절창이다. 여든이 넘은 시인이 '석양에 둮는 취기'야 말로 신선의 경지가 아니겠는가.

시인은 이제 삶은 죽음이며, 죽음이 곧 삶이라는 경계의 상호초월성에 도달한다.

아이고 죽겠다
죽겠다 하며
말대로 못 죽는
걸고 건 너겁 낀 생

죽음을 타고나서
죽음을 키우고
죽음으로 작별하는
융숭한 애물단지여

—「길들여진 생生」 전문

'너겁'은 명사로서 '괴어 있는 물에 함께 몰려서 떠 있는 지푸라기, 티끌 따위의 검불'이며 '걸다'는 '액체 따위가 내용물이 많고 진하다'는 의미의 형용사이다. 생은 '걸고 건 너겁'이다. 죽겠다고 하면서도 얽히고 설켜 죽지 못하는 것이 생이다. "죽음을 타고나서/죽음을 키우고/죽음으로 작별하는" 것이 생이며 그것은 이미 그렇게 길들여졌기 때문이라고 하는 시인의 진술은 실존철학의 인간관과 일치한다. 그리하여 시인은 길들여진 생을 버리려야 버릴 수 없는 숙명적인 '애물단지'라고 하면서 부정을 통한 긍정의 변증법에 이르게 된다.

이어지는 맥락이라 할 수 있는 "다, 제 탓에/나고 지는 걸/파도몸살 앓다가, 겨우/팔십 줄에 알았다"(「그것이 순리順理라고」), "作心이란 것이 한번 쳐서 되는 그물이 아니다"(「억한심정이라야」)라는 깊이 있는 성찰은 선경에 든 지자智者만이 가질 수 있는 각성이다.

뿐만 아니라 이 시집에는 생존의 비의祕義를 성찰하는 시도 있다.

> 한바다 첩첩 물결이
> 왜 갯길에 와서야
> 한 줌 포말로 남아
> 몸부림치며 울다 부서지는지
>
> 모든 종말이 그렇다
> 슬프지만 통증이란 것이 그렇다
>
> —「생존이란 것이」 일부

바다의 통증은 첩첩 물길이 되어 갯길에 와서야

종말을 맞는다. 살아서 남는다는 것이 곧 포말로 가는 길이다. 생존은 부서짐으로 가는 길이라고 시인은 설파한다. 그럼에도 불구하고 삶의 구석구석은 신비하다.

건널목에 멈춘 차창으로
내 얼굴을
뚫어지게 보는 그녀
혹 나를 아는 사람,
누굴까?
그렇다고 싱겁게
내 먼저 척- 하기야

어렴풋 기억의 꼬리 물고
아물거리는 순간
추적을 훼방하듯
부릉- 발차해버리는 버스,
시커먼 매연 한 줄기
그녀를 영영 지워버렸네

—「암중모색暗中摸索」 전문

누구나 겪을 수 있는 일상적 풍경이다. 그러나 시

인은 '암중모색'이라고 한다. 그랬을 때 이 시의 심층이 의미하는 바는 버스 차창으로 잠시 본 누군지도 모르는 어떤 여인이 아니라 삶의 비의에 대한 진리 모색이나 시상에 잠기는 명상을 비유하는 것이 된다.

누구는 병아리꽃
누구는 제비꽃
장수꽃에 반지꽃에
외나물꽃에

전라도는 앉은뱅이꽃
경상도는 오랑캐꽃

자식농사 잘 봤네
곳곳마다 호적에
딴 이름을 올렸네

—「제비꽃의 족보」 전문

시인의 혜안은 이제 삶의 비의에서 존재의 비의로 성찰을 진전시킨다. 제비꽃이 가지고 있는 여러 가지 이름을 하나하나 찾아가면서 존재가 가진 신비의 샘을 만난다. 제비꽃은 하나인데 그 이름은 여럿이다. 다른 이름은 다른 의미와 다른 의의를 가진다. 다른 의미는 다른 존재를 개시한다. 다른 의의는 다른 세계를 개시한다. 시인의 성찰은 여기서 시의 존재론에 도달하고 있다. '이름 불림命名'으로써 존재는 존재가 된다. 이름은 존재의 집이고 존재는 시적 명명 안에서 비로소 존재로 거주하게 된다. 이러한 논리는 마르틴 하이데거의 '시적 언어는 존재의 집이다'라는 명제에 다름 아니다.

제비꽃은 하나이면서 여럿이고 여럿이면서 하나이다. 일즉다 다즉일一卽多 多卽一은 화엄경에서 말하고 있는 불교적 우주관이다. 그러나 "자식농사 잘 봤네/곳곳마다 호적에/딴 이름을 올렸네"라고 하면서 시인은 천연덕스럽게 시를 마무리한다. 『장자』「외편」의 '망물우화芒芴寓話'가 문득 떠오르는 것은 왜일까.

6. 해풍에 결을 누이는 구만리의 청보리밭-청전靑田

눈 덮인 성인봉을 내려오는 길
수백 년 된 고목 하나가

폭설에 못 이겨 막 쓰러지는 광경이
목도되었다
순간 어디 아- 하는 사람의 신음소리가
고목이 덮쳐 뿌린 하얀 눈을 한아름 안고
산행 나온 어느 젊은 여인이 깔려 있었다
간신히 몸을 날려 그녀를 구했지만
워낙 순간의 일이라 그냥저냥 잊고
일상으로 돌아왔건만-
어찌어찌 우연이 필연이 되었다
바로 그 여인이 훗날 내 아내가 될 줄
인연이란 참 고약하면서도 기특하기도
혹 신이 점지해준 운명 아닐까도
그 중매쟁이 고목은 죽지 않았다
우리 부부에게 생명의 대를 이어주고
늘 그 자리에 누워 계신다
나는 이 고목을 설피목이라 이름 붙여
마음속에 깊이 묻고 늙어 간다

– 「중매쟁이 雪皮木」 전문

모든 삶은 운명의 자기실현이다. 시인이 설피목이라 이름 붙인 바로 그 나무가 이를 증거한다. 1962년 겨울 서상은 시인이 울릉군 공보실장으로 근무할 때

성인봉 산행 중에 만난 조옥선(화가) 여사와 이듬해 11월 8일 혼례를 올리게 되는데 그 극적인 첫 만남을 매개했던 나무가 설피목이다. "그 중매쟁이 고목"이 "늘 그 자리에 누워 계시"듯 시인의 부부도 "생명의 대를 이어" 가면서 설피목을 "마음속에 깊이 묻고 늙어 간다." 자연과 인간이 하나로 이어지는 참으로 편안한 모습들이 아닌가.

서상은 시인은 아호로 낭산浪山과 청전靑田을 쓰고 있다. 낭산은 수필가 김규련과 빈남수가 붙여 준 이름으로 장년까지 쓰던 호이며 만년에는 주로 청전을 쓴다. 청전은 사전상의 의미로 '벼가 푸릇푸릇하게 자란 논'을 의미한다. 그러나 그냥 '푸른 밭', '청보리밭'이 더 정감 가는 뜻이다. 해마다 봄이면 호미곶면 사무소에서 해안도로를 따라가는 길에 푸른 바다를 배경으로 청보리밭이 아득히 펼쳐진다.

우리가 바위처럼
묵묵히 산다는 걸
허공은 다 안다

혹, 누가 물어도
허공은 입이 무거워
가타부타 안 한다

내 고향 앞 구만
저 허허 벌판바다
가난에 입 다물었던
그 설움이 오늘
부처바위 되었을까

오, 죽은 내 아버지
죽은 내 어머니
할 말
다 못하고 가시듯

—「허공보시虛空布施」 전문

시인의 고향 구만리 앞 청보리밭은 허허벌판이다. 끝없이 넓고 큰 청보리밭은 사시사철 푸르게 출렁이는 동해 바다, 나아가 일본 열도를 넘어 태평양으로 뻗어 나가는 평평한 벌판이다. 그래서 시인은 '허허벌판'이라 하지 않고 '허허 벌판바다'라고 한다. 바다가 벌판이라는 말이다. 바다는 끝없이 펼쳐진 넓고 평평한 땅이다. 그 위에 허공이 있다. “입이 무거워/ 가타부타 안”하는 허공은 다 안다. 다 알면서도 말하지 않는 묵언으로 보시를 한다. 가난해도 바위처럼 묵묵히 살았던 구만리 사람들의 설움을 다 아는 허공, 그 설움이 부처바위가 되었음을 다 아는 허공, “할 말/다 못하고 가”신 시인의 아버지와 어머니가 거기 허공에 계신다.

80년 묵은 항아리에
무엇이 솔솔 빠져나간다

가만히 프로타주 해보니
아직도 카피 못 한
내 남루한 꿈이었다

—「하얀 꿈」 전문

프로타주는 미술에서 무늬를 ‘뜨기’ 하는 기법이다. 구만리에 봄의 해풍이 불어오면 청보리밭은 푸르게 반짝이면서 일제히 결을 누인다. 융단이나 비로드 같은 들판 위로 구만리의 숨결이 가물가물 피어오른다. 아지랑이다. 호미곶에 혼신의 열정을 쏟아 붓는 청전 서상은 시인의 무늬이다. '80년 묵은 항아리'는 시인의 소망이자 정신세계이다. 거기에는 호미곶 사랑과 호랑이의 기상이 서린 민족혼이 담겨 있다. 스스로 '남루한 꿈'이라고 하지만 결코 남루하지 않은, 푸르고 싱싱한 그 꿈을 아직 카피하지 못했다는 것은 시인의 노파심이며 겸손이다. 해풍이 불어오는 구만리의 청보리밭이 결을 누이면서 꾸는 그 힘찬 꿈이 대를 이어 영생할 것을 우리는 안다. 번영과 영광으로 힘차게 벋어 나갈 호미곶과 조국의 미래를 우리는 확신한다.

7. 푸르게 사는 나무의 영생과 사랑

"내 고향을 못 지키면 어떻게 내 나라를 온당히 지킬까?" 이 시집 앞부분에 실린 <시인의 말>에서 읽을 수 있는 청전 서상은 시인의 신념의 일단이다. 고향 호미곶을 위해 꿋꿋하고 푸른 나무처럼 살다 가고 싶다고 시인은 말한다. 내가 생명을 받은 안태고향에 나의 남은 전부를 되돌려주고 가겠다는 말과

다르지 않다.

> 이승의 냉골冷骨을 데워 주고
> 가난한 생계에 양식糧食이 된다면
> 나 어찌 한 줌 재災가 못 되리
>
> —「탄炭」 전문

영일만이여! 호미곶이여! 나를 숯으로 쓰라. 이 시는 고향 사람뿐만 아니라 현대인 모두를 향한 헌신의 일념을 술회하고 있다. 현대인의 차가운 뼈마디를 데워 주고 헐벗은 심성을 채워 줄 일용할 양식이 될 수 있다면 나는 재가 되리니 부담 없이 가져다 쓰시라는 말이기 때문이다.

'포항시 남구 호미곶면 호미로 1488-14' 시인이 돌아와 만년을 보내고 있는 이곳, 안태 고향 구만리에 청전의 휴휴당休休堂이 있다. 휴휴당의 '휴休'라는 글자가 의미하는 바와 같이 노년의 시인이 책 읽으며 '쉬는' '아름다운' '그늘'이다. 휴휴당은 '검소'하고 '관대'하게 '기쁨'을 나누며 세상을 '따뜻하게 하는' 하얀 집이다.

고향 옛집 그 창호문이 그립다
툇마루에 앉으면 탁 틘 파란 하늘,
돌담에 둘러싸인 덩그런 초가 세 채
넓은 마당과 산처럼 쌓아 올린 두엄 더미
사랑채 옆 마구간엔 누렁소 두 마리
작두날에 내 검지를 잘라버린
머슴 만돌이도 백발 할머니도 보인다
멀리 샛바람에 섞어 울던 푸른 해조음도
동구 앞 때까치 소리도 들린다
장독대 옆에 붉게 피었던 그 목단 꽃잎,
지금도 내 가슴을 쿵쿵 뛰게 한다
남로당 패거리가 한밤중
우리 집을 습격하여 가족들을 협박하던 일
줄줄이 엮어 말린 청어과메기랑
마른 오징어를 한 차 가득 싣고
서울 유학 간 형님의 등록금을 내러 갔던
간 큰 여장부 전선희 어머니도
꼿꼿한 선비 영감 서필수 아버지도 보인다
하늘로 길을 낼 듯 가끔 오색 무지개
내 목말이 되어 히히대던 꿈들이
훗날 시장 군수가 되었던가

작아진 오늘이 조금은 안쓰러워도
구름 아래 아득한 내 유년은 늘 그립다

–「소박한 기억들」 전문

노년에 되돌아보는 어제의 풍경을 시인은 '소박한 기억들'이라고 한다. 남로당 패거리가 한밤중에 습격하여 가족을 협박하던 때에 시인은 유년기와 소년기를 보낸다. 그러니까 해방 후 1940대 후반에 소년기를 보낸 시인의 기억은 옛집 창호문과 툇마루, 파란 하늘을 복원한다. 갯가에서 농사와 어업을 겸하는 농가에는 초가 세 채의 건물에 누렁소 두 마리를 키우는 마구간과 산처럼 쌓아 올린 두엄더미가 있다. 어머니는 "줄줄이 엮은 청어과메기랑/마른 오징어를 한 차 가득 싣고/서울 유학 간 형님의 등록금을 내러 갔던/간 큰 여장부"이고 아버지는 "꼿꼿한 선비 영감"이시다. 이 정도만 봐도 상당히 여유가 있었던 부농으로 보인다. 당시만 해도 서울로 유학을 보내는 집은 한 시군에 한 집이 있을까 말까 한 시대였기 때문이다. 그 한가운데 머슴 만돌이의 실수로 작두날에 검지를 잃어버린 시인이 있다. 그 장면에는 백발 할머니도 계시고 장독대 옆에 붉게 피었던 목단 꽃잎도 있다. 가끔 하늘길에 걸리는 무지개를 목말로 태우고 놀던 소년이 훗날 시장 군수가 된다. 시인의 가족사이면서 긴 서사를 담은 자전적 서정시이다.

시인은 낯익은 삶의 평범한 장면에서도 지난날을 떠올린다. 오늘날의 취사 기구인 압력 전기밥솥은 전자동 맞춤 기능이 있고 음성 안내 기능도 있다. 밥이 완성되면 "취사가 완료되어 보온이 시작됩니다"(「쿠쿠 이야기」)라는 멘트가 자동으로 나온다. 이 소리를 들으면서 시인은 "무쇠솥 아궁이에 검불 지펴 밥 짓던/어머니"(「쿠쿠 이야기」)를 생각하고 "장마철 덜 마른 장작에 불 지필 때/매운 연기에 눈물 줄줄 흘리시던 어머니"와 "따뜻한 아궁이 옆에 쪼그려 앉아,/따닥따닥 타오르는 솔방울을 태우며/잿불에 묻어둔 고구마랑/밥솥에 놀놀하게 눌어붙을/보리누룽지를 기다리던"(「쿠쿠 이야기」) 어린 자기 자신의 모습을 떠올린다. 칠팔십 년을 거슬러 올라 1930년대 후반에서 1940년대 초반의 아련한 풍경 속으로 들어선 노시인은 어느새 유년의 따뜻하고 촉촉한 행복감에 젖어든다.

청전 서상은 시인은 언젠가 세상을 뜰 것이다. 그러나 청전은 가도 청전은 가지 않고 영원히 남아 있을 것이다. 구만리가 구만리로 남고 청보리밭이 청보리밭으로 남아 있는 한, 구만리의 청보리밭은 시인의 따뜻한 사랑을 기억하고 증거할 것이다.

나는 알겠다, 네 눈에 숨긴 것

네 눈동자
이유 없는 깜박임도
내 맘에 파고드는 속삭임이다

어느 날
우리 둘 시선이 마주칠 때 훅,
불꽃 같은 그 무엇이 될까 싶어

어제도 오늘도 아니 내일도
나는 수다처럼 작은 책자처럼
네 병을 앓는다

—「절곡絶曲」 전문

언뜻 사랑 시로 읽히는 시이다. 제목도 '숨이 끊어질 듯한 가락'이라는 의미의 조어造語 「절곡絶曲」이다. 어떠한 대상이 시인으로 하여금 이토록 절박한 병을 앓도록 하는가? 그것도 '수다처럼 작은 책자처럼/네 병을 앓'도록 하는가? 73세 노년의 괴테가 사랑했던 열일곱 살의 울리케 같은 어린 소녀라도 만난 것인가? 노시인老詩人이 빠진 사랑의 황홀감을 우리는 여기서 공감할 수 있다. 그러나 이 시집의 시들이 수미일관되게 노래하는 주제이자 대상은 호미곶이다. 그렇다면 절곡의 대상은 여인이 아니라 바로 이 시집의 표제시 「호미곶 별사」라고 해야 하지 않겠는가. 그렇다. 시인은 안다. 호미곶의 순한 눈동자가 이유없이 깜박이는 이유를 알고 시인의 맘에 파고드는 속삭임을 안다. 호미곶과 시인, '우리 둘 시선이 마주칠 때 훅, 불꽃 같은 그 무엇이 될까 싶어' 시인은 호미곶에 나무를 심고 시집 『호미곶 별사』를 상재하는 것이다. 이제 막 우거지고 있는 호미곶의 소나무와 이 시집이야말로 '훅, 불꽃 같은 그 무엇이' 되어 있음을 우리는 여기서 본다.

疊疊이 눈 덮인
솔 수풀 시오리

산지기 烏鵲소리
선잠을 깨우네

—「詩 五里」 전문

호랑이 꼬리에 심은 털, 해송은 이제 수풀을 이루어 시오리나 이어져 있다. 거기에 첩첩이 눈이 쌓인다. 까마귀와 까치(오작, 烏鵲)가 산지기처럼 숲을 지키며 지저귀고 있다. 청전 시인은 겨울 선잠을 깬다. 그런데 제목이 '시 오리詩 五里'이다. 시오리+五里 솔숲에서 시詩 삼매경에 오리五里만큼 들어 있는 노경을 노래한 것이리라. 호미곶의 솔숲 시오리+五里에 묻혀 시詩 오리五里를 노래하는 시인은 마침내 신선으로 화했다는 전설이 되어 길이길이 후대에 남으리라.

마, 그냥 살자
보태본들 뭐 하겠노

풀잎 따서 입에 물면

우리 금세 구름 된다

—「천심天心」 전문

이 시집에 수록된 마지막 시편이다. 장자의 초월적 정신세계와 진인眞人의 마음이 이른 경지가 보인다. 천심天心은 하늘의 마음이며 하늘의 뜻이다. 시인은 스스로 초탈한다. 공로는 자기가 남기는 것이 아니라 후대가 기리는 것이다. 안태 고향 호미곶에 그가 뿌린 땀과 눈물을 시인은 스스로 공치사하지 않는다. 스스로 아무 말도 보태지 않는다. 구만리 하늘 아래 그냥 사는 날까지 '그냥 살'고 있는 것이다. 스스로 낮추는 겸손의 지극한 경지이다. 푸르게 사는 나무의 영생이며 사랑이다. 인간은 남기는 존재이다. 자식을 남기고 재산을 남기고 문화를 남기고 이름도 남긴다. 그러나 청전 서상은 시인은 남달리 호미곶에 그의 사랑을 남기고 그의 정신을 남긴다. 호미곶에 자신을 기투企投한 시인은 이제 『호미곶 별사』를 다음 세대와 미래인에게 기투한다. 주체적이며 헌신적인 삶이 완성되는 위대한 지점이 바로 여기이다.